INVENTAIRE
V 316/11

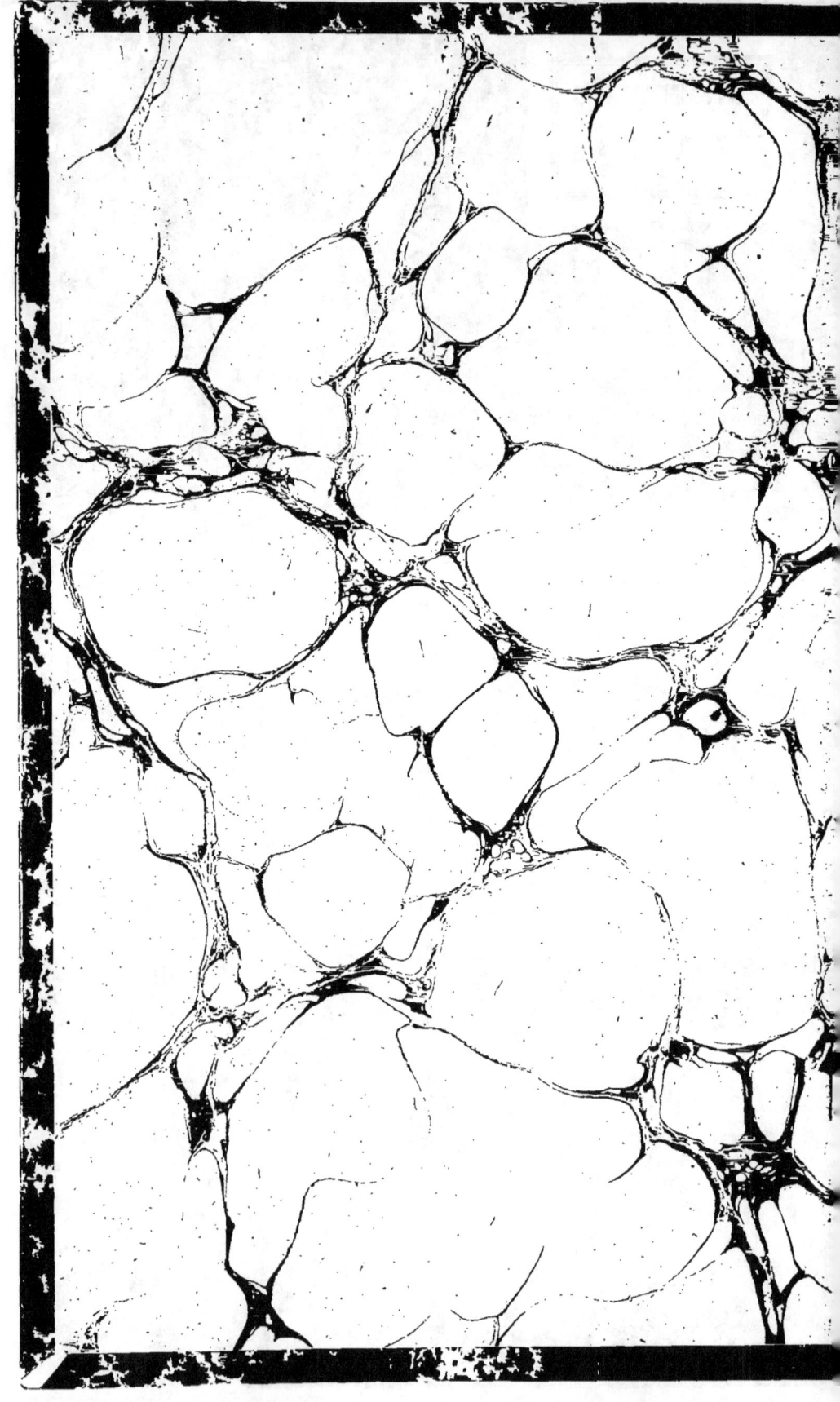

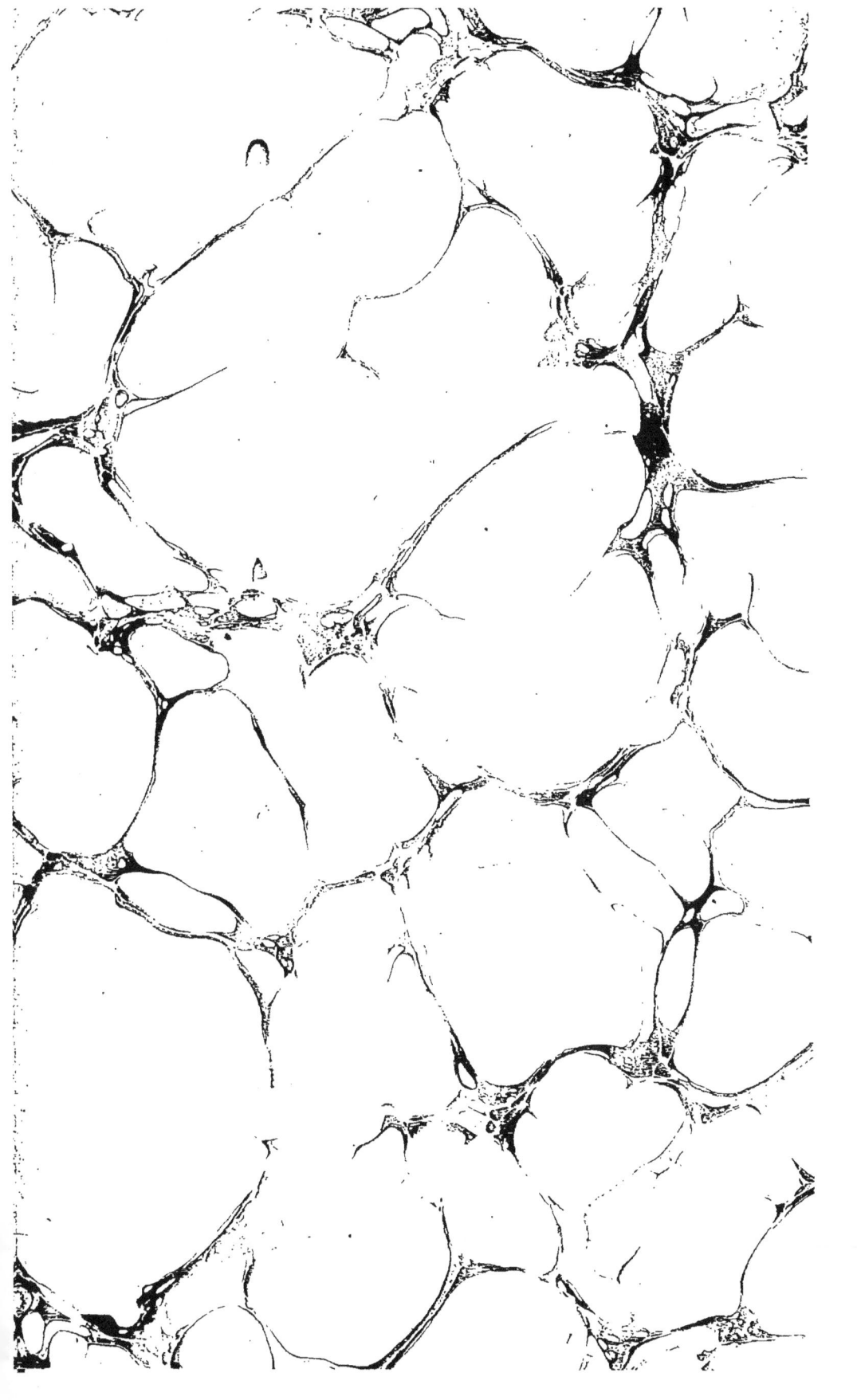

RICHARD WAGNER

ET

TANNHAUSER

A PARIS

PAR

CHARLES BAUDELAIRE

PARIS

E. DENTU, ÉDITEUR

LIBRAIRE DE LA SOCIÉTÉ DES GENS DE LETTRES

PALAIS-ROYAL, 13 ET 17, GALERIE D'ORLÉANS

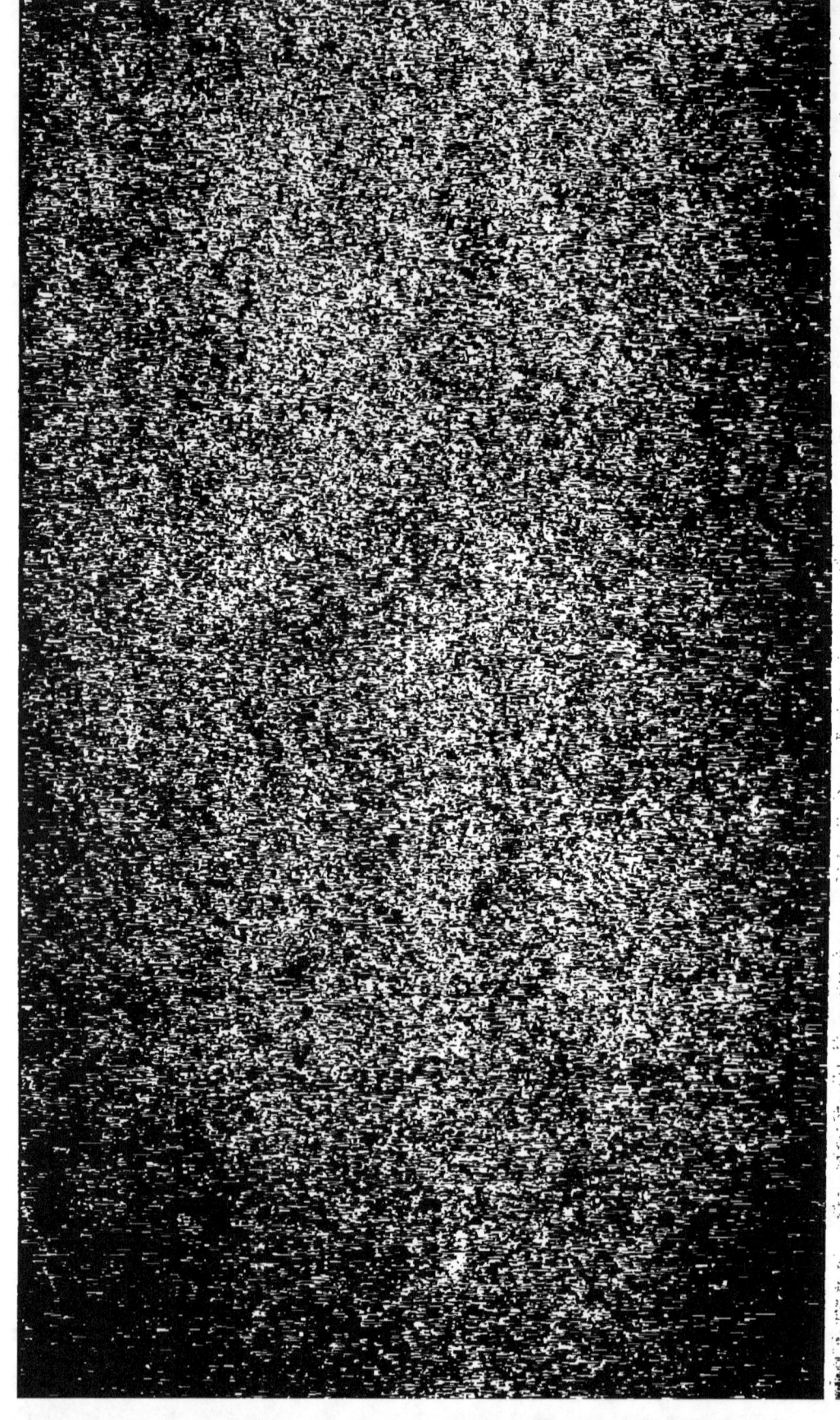

RICHARD WAGNER

ET

TANNHAUSER

PARIS
IMPRIMERIE DE L. TINTERLIN ET Cᵉ
2, RUE NEUVE-DES-BONS-ENFANTS.

RICHARD WAGNER

ET

TANNHAUSER

A PARIS

PAR

CHARLES BAUDELAIRE

PARIS

E. DENTU, ÉDITEUR

LIBRAIRE DE LA SOCIÉTÉ DES GENS DE LETTRES

PALAIS-ROYAL, 13 ET 17, GALERIE D'ORLEANS

1861

EXTRAIT DE *LA REVUE EUROPÉENNE*

RICHARD WAGNER

ET

TANNHAUSER

A PARIS

I

Remontons, s'il vous plaît, à treize mois en arrière, au commencement de la question, et qu'il me soit permis, dans cette appréciation, de parler souvent en mon nom personnel. Ce *Je,* accusé justement d'impertinence dans beaucoup de cas, implique cependant une grande modestie ; il enferme l'écrivain dans les limites les plus strictes de la sincérité. En réduisant sa tâche, il la rend plus facile. Enfin, il n'est pas nécessaire d'être un probabiliste bien consommé pour acquérir la certitude que cette sincérité trouvera des amis parmi les lecteurs impartiaux; il y a évidemment quelques chances pour que le critique ingénu, en ne racontant que ses propres impressions, raconte aussi celles de quelques partisans inconnus.

Donc, il y a treize mois, ce fut une grande rumeur dans Paris. Un compositeur allemand, qui avait vécu longtemps chez nous, à notre insu, pauvre, inconnu, par de misérables besognes, mais que, depuis quinze ans déjà, le public allemand célébrait comme un homme de génie, revenait dans la ville, jadis témoin de ses jeunes misères, soumettre ses œuvres à notre jugement. Paris avait jusque-là peu entendu parler de Wagner; on savait vaguement qu'au delà du Rhin s'agitait la question d'une réforme dans le drame lyrique, et que Listz avait adopté avec ardeur les opinions du réformateur. M. Fétis avait lancé contre lui une espèce de réquisitoire, et les personnes curieuses de feuilleter les numéros de la *Revue et Gazette musicale de Paris*, pourront vérifier une fois de plus que les écrivains qui se vantent de professer les opinions les plus sages, les plus classiques, ne se piquent guère de sagesse ni de mesure, ni même de vulgaire politesse, dans la critique des opinions qui leur sont contraires. Les articles de M. Fétis ne sont guère qu'une diatribe affligeante ; mais l'exaspération du vieux dilettantiste servait seulement à prouver l'importance des œuvres qu'il vouait à l'anathème et au ridicule. D'ailleurs, depuis treize mois, pendant lesquels la curiosité publique ne s'est pas ralentie, Richard Wagner a essuyé bien d'autres injures. Il y a quelques années, au retour d'un voyage en Allemagne, Théophile Gautier, très-ému par une représentation de *Tannhaüser*, avait cependant, dans le *Moniteur,* traduit ses impressions avec cette certitude plastique qui donne un charme irrésistible à tous ses écrits. Mais ces documents divers, tombant à de lointains intervalles, avaient glissé sur l'esprit de la foule.

Aussitôt que les affiches annoncèrent que Richard Wagner ferait entendre dans la salle des Italiens des fragments de ses compositions, un fait amusant se produisit, que nous avons déjà vu, et qui prouve le besoin instinctif, précipité, des Français, de prendre sur toute chose leur parti avant d'avoir délibéré ou examiné. Les uns annoncèrent des merveilles, et les autres se mirent à dénigrer à outrance des œuvres qu'ils n'avaient pas encore entendues. Encore aujourd'hui dure cette situation bouffonne, et l'on peut dire que jamais sujet inconnu ne fut tant discuté. Bref, les concerts de Wagner s'annonçaient comme une véritable bataille de doctrines, comme une de ces solennelles crises de l'art, une de ces mêlées où critiques, artistes et public ont coutume de jeter confusément toutes leurs passions, crises heureuses qui dénotent la santé et la richesse dans la vie intellectuelle d'une nation, et que nous avions, pour ainsi dire, désapprises depuis les grands jours de Victor Hugo. J'emprunte les lignes suivantes au feuilleton de M. Berlioz (9 février 1860) : « Le foyer du Théâtre-Italien était curieux à observer le soir du premier concert. C'étaient des fureurs, des cris, des discussions qui semblaient toujours sur le point de dégénérer en voies de fait. » Sans la présence du souverain, le même scandale aurait pu se produire, il y a quelques jours, à l'Opéra, surtout avec un public *plus vrai*. Je me souviens d'avoir vu, à la fin d'une des répétitions générales, un des critiques parisiens accrédités, planté prétentieusement devant le bureau du contrôle, faisant face à la foule au point d'en gêner l'issue, et s'exerçant à rire comme un maniaque, comme un de ces infortunés qui, dans les maisons de santé, sont appelés des *agités*. Ce pauvre homme, croyant son visage connu de toute la foule, avait l'air de dire : « Voyez comme je ris, moi, le célèbre S....! Ainsi ayez soin de conformer votre jugement au mien. » Dans le feuilleton auquel je faisais tout à l'heure allusion, M. Berlioz, qui montra cependant beaucoup moins de chaleur qu'on aurait pu en attendre de sa part, ajoutait : « Ce qui se débite alors de non-sens, d'absurdités et même de mensonges est vraiment prodigieux, et prouve avec évidence que, chez nous au moins, lorsqu'il s'agit d'apprécier une musique différente de celle qui court les rues, la passion, le parti pris prennent seuls la parole et empêchent le bon sens et le bon goût de parler. »

Wagner avait été audacieux : le programme de son concert ne comprenait ni solos d'instruments, ni chansons, ni aucune des exhibitions si chères à un public amoureux des virtuoses et de leurs tours de force. Rien que des morceaux d'ensemble, chœurs ou symphonies. La lutte fut violente, il est vrai ; mais le public, étant abandonné à lui-même, prit feu à quelques-uns de ces irrésistibles morceaux dont la pensée était pour lui plus nettement exprimée, et la musique de Wagner triompha par sa propre force. L'ouverture de *Tannhaüser*, la marche pompeuse du deuxième acte, l'ouverture de *Lohengrin* particulièrement, la *musique de noces* et l'*épithalame* furent magnifiquement acclamés. Beaucoup de choses restaient obscures sans doute, mais les esprits impartiaux se disaient : « Puisque ces compositions sont faites pour la scène, il faut attendre ; les choses non suffisamment définies seront expliquées par la plastique. » En attendant, il restait avéré que, comme symphoniste, comme artiste traduisant par les mille combinaisons du son les tumultes de l'âme humaine, Richard Wagner était à la hauteur de ce qu'il y a de plus élevé, aussi grand, certes, que les plus grands.

J'ai souvent entendu dire que la musique ne pouvait pas se vanter de traduire quoi que ce soit avec certitude, comme fait la parole ou la peinture. Cela est vrai dans une certaine proportion, mais n'est pas tout à fait vrai. Elle traduit à sa manière, et par les moyens qui lui sont propres. Dans la musique, comme dans la peinture et même dans la parole écrite, qui est cependant le plus positif des arts, il y a toujours une lacune complétée par l'imagination de l'auditeur.

Ce sont sans doute ces considérations qui ont poussé Wagner à considérer l'art dramatique, c'est-à-dire la réunion, la *coïncidence* de plusieurs arts, comme l'art par excellence, le plus synthétique et le plus parfait. Or, si nous écartons un instant le secours de la plastique, du décor, de l'incorporation des types rêvés dans des comédiens vivants et même de la parole chantée, il reste encore incontestable que plus la musique est éloquente, plus la suggestion est rapide et juste, et plus il y a de chances pour que les hommes sensibles conçoivent des idées en rapport avec celles qui inspiraient l'artiste. Je prends tout de suite un exemple, la fameuse ouverture de *Lohengrin*, dont M. Berlioz a écrit un magnifique éloge en style technique ; mais je veux me contenter ici d'en vérifier la valeur par les suggestions qu'elle procure.

Je lis dans le programme distribué à cette époque au Théâtre-Italien : « Dès les premières mesures, l'âme du pieux solitaire qui attend le vase sacré *plonge dans les espaces infinis.* Il voit se former peu à peu une apparition étrange qui prend un corps, une figure. Cette apparition se précise davantage, et *la troupe miraculeuse des anges*, portant au milieu d'eux la coupe sacrée, passe devant lui. Le saint cortége approche ; le cœur de l'élu de Dieu s'exalte peu à peu ; il s'élargit, il se dilate ; d'ineffables aspirations s'éveillent en lui ; *il cède à une béatitude croissante,* en se trouvant toujours rapproché de *la lumineuse apparition,* et quand enfin le Saint-Graal lui-même apparaît au milieu du cortége sacré, *il s'abîme dans une adoration extatique, comme si le monde entier eût soudainement disparu.*

« Cependant le Saint-Graal répand ses bénédictions sur le saint en prière et le consacre son chevalier. Puis *les flammes brûlantes adoucissent progressivement leur éclat ;* dans sa sainte allégresse, la troupe des anges, souriant à la terre qu'elle abandonne, regagne les célestes hauteurs. Elle a laissé le Saint-Graal à la garde des hommes purs, *dans le cœur desquels la divine liqueur s'est répandue,* et l'auguste troupe s'évanouit *dans les profondeurs de l'espace,* de la même manière qu'elle en était sortie. »

Le lecteur comprendra tout à l'heure pourquoi je souligne ces passages. Je prends maintenant le livre de Listz, et je l'ouvre à la page où l'imagination de l'illustre pianiste (qui est un artiste et un philosophe) traduit à sa manière le même morceau :

« Cette introduction renferme et révèle *l'élément mystique*, toujours présent et toujours caché dans la pièce... Pour nous apprendre l'inénarrable puissance de ce secret, Wagner nous montre d'abord *la beauté ineffable du sanctuaire*, habité par un Dieu qui venge les opprimés, et ne demande qu'*amour et foi* à ses fidèles. Il nous initie au Saint-Graal ; il fait miroiter à nos yeux le temple de bois incorruptible, aux murs odorants, aux portes d'*or*, aux solives d'*asbeste*, aux colonnes d'*opale*, aux parois de *cymophane*, dont les splendides portiques ne sont approchés que de ceux qui ont le cœur élevé et les mains pures. Il ne nous le fait point apercevoir dans son imposante et réelle structure, mais, comme ménageant nos faibles sens, il nous le montre d'abord reflété dans *quelque onde azurée*, ou reproduit *par quelque nuage irisé*.

« C'est au commencement une *large nappe dormante* de mélodie, *un éther vaporeux qui s'étend*, pour que le tableau sacré s'y dessine à nos yeux profanes ; effet exclusivement confié aux violons, divisés en huit pupitres différents, qui, après plusieurs mesures de sons harmoniques, continuent dans les plus hautes notes de leurs registres. Le motif est ensuite repris par les instruments à vent les plus doux ; les cors et les bassons, en s'y joignant, préparent l'entrée des trompettes et des trombones, qui répètent la mélodie pour la quatrième fois, *avec un éclat éblouissant de coloris,* comme si dans cet instant unique l'édifice saint *avait brillé* devant *nos regards aveuglés, dans toute sa magnificence lumineuse et radiante.* Mais *le vif étincellement,* amené par degrés à *cette intensité de rayonnement solaire,* s'éteint avec rapidité, comme une *lueur céleste.* La *transparente vapeur* des nuées se referme, la vision disparaît peu à peu dans le même encens *diapré* au milieu duquel elle est apparue, et le morceau se termine par les premières six mesures, devenues *plus éthérées encore.* Son caractère d'*idéale mysticité* est surtout rendu sensible par le *pianissimo* toujours conservé dans l'orchestre, et qu'interrompt à peine le court moment où les *cuivres* font *resplendir* les merveilleuses lignes du seul motif de cette introduction. Telle est l'image qui, à l'audition de ce sublime *adagio,* se présente d'abord à nos sens émus. »

M'est-il permis à moi-même de raconter, de traduire avec des paroles la traduction inévitable que mon imagination fit du même morceau, lorsque je l'entendis pour la première fois, les yeux fermés, et que je me sentis pour ainsi dire enlevé de terre ? Je n'oserais certes pas parler avec complaisance de mes *rêveries*, s'il n'était pas utile de les joindre ici aux *rêveries* précédentes. Le lecteur sait quel but nous poursuivons : démontrer que la véritable musique suggère des idées analogues dans des cerveaux différents. D'ailleurs, il ne serait pas ridicule ici de raisonner *à priori*, sans analyse et sans comparaisons ; car ce qui serait vraiment surprenant, c'est que le son *ne pût pas* suggérer la couleur, que les couleurs *ne pussent pas* donner l'idée d'une mélodie, et que le son et la couleur fussent impropres à traduire des idées ; les choses s'étant toujours exprimées par une analogie réciproque, depuis le jour où Dieu a proféré le monde comme une complexe et indivisible totalité.

> La nature est un temple où de vivants piliers
> Laissent parfois sortir de confuses paroles ;
> L'homme y passe à travers des forêts de symboles
> Qui l'observent avec des regards familiers.
>
> Comme de longs échos qui de loin se confondent,
> Dans une ténébreuse et profonde unité,
> Vaste comme la nuit et comme la clarté,
> Les parfums, les couleurs et les sons se répondent.

Je poursuis donc. Je me souviens que, dès les premières mesures, je subis une de ces impressions heureuses que presque tous les hommes imaginatifs ont connues, par le rêve, dans le sommeil. Je me sentis délivré *des liens de la pesanteur*, et je retrouvai par le souvenir l'extraordinaire *volupté* qui circule dans *les lieux hauts* (notons en passant que je ne connaissais pas le programme cité tout à l'heure). Ensuite je me peignis involontairement l'état délicieux d'un homme en proie à une grande rêverie dans une solitude absolue, mais une solitude avec *un immense horizon* et une *large lumière diffuse; l'immensité* sans autre décor qu'elle-même. Bientôt j'éprouvai la sensation d'une *clarté* plus vive, *d'une intensité de lumière* croissant avec une telle rapidité, que les nuances fournies par le dictionnaire ne suffiraient pas à exprimer *ce surcroît toujours renaissant d'ardeur et de blancheur.* Alors je conçus pleinement l'idée d'une âme se mouvant dans un milieu lumineux, d'une extase *faite de volupté et de connaissance,* et planant au-dessus et bien loin du monde naturel.

De ces trois traductions, vous pourriez noter facilement les différences. Wagner indique *une troupe d'anges qui apporte un vase sacré;* Listz voit *un monument miraculeusement beau,* qui se reflète dans un mirage vaporeux. Ma rêverie est beaucoup moins illustrée d'objets matériels : elle est plus vague et plus abstraite. Mais l'important est ici de s'attacher aux ressemblances. Peu nombreuses, elles constitueraient encore une preuve suffisante ; mais, par bonheur, elles sont nombreuses et saisissantes jusqu'au superflu. Dans les trois traductions nous trouvons la sensation de la *béatitude spirituelle et physique;* de *l'isolement;* de la contemplation de *quelque chose infiniment grand et infiniment beau;* d'*une lumière intense* qui réjouit *les yeux et l'âme jusqu'à la pamoison;* et enfin la sensation de *l'espace étendu jusqu'aux dernières limites concevables.*

Aucun musicien n'excelle, comme Wagner, à *peindre* l'espace et la profondeur, matériels et spirituels. C'est une remarque que plusieurs esprits, et des meilleurs, n'ont pu s'empêcher de faire en plusieurs occasions. Il possède l'art de traduire, par des gradations subtiles, tout ce qu'il y a d'excessif, d'immense, d'ambitieux, dans l'homme spirituel et naturel. Il semble parfois, en écoutant cette musique ardente et despotique, qu'on retrouve peintes sur le fond des ténèbres, déchiré par la rêverie, les vertigineuses conceptions de l'opium.

A partir de ce moment, c'est-à-dire du premier concert, je fus possédé du désir d'entrer plus avant dans l'intelligence de ces œuvres singulières. J'avais subi (du moins cela m'apparaissait ainsi) une opération spirituelle, une révélation. Ma volupté avait été si forte et si terrible, que je ne pouvais m'empêcher d'y vouloir retourner sans cesse. Dans ce que j'avais éprouvé, il entrait sans doute beaucoup de ce que Weber et Beethoven m'avaient déjà fait connaître, mais aussi quelque chose de nouveau que j'étais impuissant à définir, et cette impuissance me causait une colère et une curiosité mêlées d'un bizarre délice. Pendant plusieurs jours, pendant longtemps, je me dis : « Où pourrai-je bien entendre ce soir de la musique de Wagner? » Ceux de mes amis qui possédaient un piano furent plus d'une fois mes martyrs. Bientôt, comme il en est de toute nouveauté, des morceaux symphoniques de Wagner retentirent dans les casinos ouverts tous les soirs à une foule amoureuse de voluptés triviales. La majesté fulgurante de cette musique tombait là comme le tonnerre dans un mauvais lieu. Le bruit s'en répandit vite, et nous eûmes souvent le spectacle comique d'hommes graves et délicats subissant le contact des cohues malsaines, pour jouir, en attendant mieux, de la marche solennelle des *Invités au Wartburg* ou des majestueuses noces de *Lohengrin*.

Cependant, des répétitions fréquentes des mêmes phrases mélodiques, dans des morceaux tirés du même opéra, impliquaient des intentions mystérieuses et une méthode qui m'étaient inconnues. Je résolus de m'informer du pourquoi, et de transformer ma volupté en connaissance avant qu'une représentation scénique vînt me fournir une élucidation parfaite. J'interrogeai les amis et les ennemis. Je mâchai l'indigeste et abominable pamphlet de M. Fétis. Je lus le livre de Listz, et enfin je me procurai, à défaut de *l'Art et la Révolution* et de

2.

l'Œuvre d'art de l'avenir, ouvrages non traduits, celui intitulé : *Opéra et Drame,* traduit en anglais.

II

Les plaisanteries françaises allaient toujours leur train, et le journalisme vulgaire opérait sans trêve ses gamineries professionnelles. Comme Wagner n'avait jamais cessé de répéter que la musique (dramatique) devait *parler* le sentiment, s'adapter au sentiment avec la même exactitude que la parole, mais évidemment d'une autre manière, c'est-à-dire exprimer la partie indéfinie du sentiment que la parole, trop positive, ne peut pas rendre (en quoi il ne disait rien qui ne fût accepté par tous les esprits sensés), une foule de gens, persuadés par les plaisants du feuilleton, s'imaginèrent que le maître attribuait à la musique la puissance d'exprimer la forme positive des choses, c'est-à-dire qu'il intervertissait les rôles et les fonctions. Il serait aussi inutile qu'ennuyeux de dénombrer tous les quolibets fondés sur cette fausseté, qui venant, tantôt de la malveillance, tantôt de l'ignorance, avaient pour résultat d'égarer à l'avance l'opinion du public. Mais, à Paris plus qu'ailleurs, il est impossible d'arrêter une plume qui se croit amusante. La curiosité générale, étant attirée vers Wagner, engendra des articles et des brochures qui nous initièrent à sa vie, à ses longs efforts et à tous ses tourments. Parmi ces documents fort connus aujourd'hui, je n'en veux extraire que ceux qui me paraissent plus propres à éclairer et à définir la nature et le caractère du maître. Celui qui a écrit que *l'homme, qui n'a pas été, dès son berceau, doté par une fée de l'esprit de mécontentement de tout ce qui existe, n'arrivera jamais à la découverte du nouveau,* devait indubitablement trouver dans les conflits de la vie plus de douleurs que tout autre. C'est de cette facilité à souffrir, commune à tous les artistes et d'autant plus grande que leur instinct du juste et du beau est plus prononcé, que je tire l'explication des opinions révolutionnaires de Wagner. Aigri par tant de mécomptes, déçu par tant de rêves, il dut, à un certain moment, par suite d'une erreur excusable dans un esprit sensible et nerveux à l'excès, établir une complicité idéale entre la mauvaise musique et les mauvais gouvernements. Possédé du désir suprême de voir l'idéal dans l'art dominer définitivement la routine, il a pu (c'est une illusion essentiellement humaine) espérer que des révolutions dans l'ordre politique favoriseraient la cause de la révolution dans l'art. Le succès de Wagner lui-même a donné tort à ses prévisions et à ses espérances ; car il a fallu en France l'ordr d'un *despote* pour faire exécuter l'œuvre d'un révolutionnaire. Ainsi nous avons déjà vu à Paris l'évolution romantique favorisée par la monarchie, pendant que les libéraux et les républicains restaient opiniâtrément attachés aux routines de la littérature dite classique.

Je vois, par les notes que lui-même il a fournies sur sa jeunesse, que tout enfant il vivait au sein du théâtre, fréquentait les coulisses et composait des comédies. La musique de Weber et, plus tard, celle de Beethoven, agirent sur son esprit avec une force irrésistible, et bientôt, les années et les études s'accumulant, il lui fut impossible de ne pas penser d'une manière double, poétiquement et musicalement, de ne pas entrevoir toute idée sous deux formes simultanées, l'un des deux arts commençant sa fonction là où s'arrêtent les limites de l'autre. L'instinct dramatique, qui occupait une si grande place dans ses facultés, devait le pousser à se révolter contre toutes les frivolités, les platitudes et les absurdités des pièces faites pour la musique. Ainsi la Providence qui préside aux révolutions de l'art mûrissait dans un jeune cerveau allemand le problème qui avait tant agité le dix-huitième siècle. Quiconque a lu avec attention la *Lettre sur la musique*, qui sert de préface à *Quatre poëmes d'opéras traduits en prose française,* ne peut conserver à cet égard aucun doute. Les noms de Gluck et de Méhul y sont cités souvent avec une sympathie passionnée. N'en déplaise à M. Fétis, qui veut absolument établir pour l'éternité la prédominance de la musique dans le drame lyrique, l'opinion d'esprits tels que Gluck, Diderot, Voltaire et Gœthe n'est pas à dédaigner. Si ces deux derniers ont démenti plus tard leurs théories de prédilection, ce n'a été chez eux qu'un acte de découragement et de désespoir. En feuilletant la *Lettre sur la musique,* je sentais revivre dans mon esprit, comme par un phénomène d'écho mnémonique, différents passages de Diderot qui affirment que la vraie musique dramatique ne peut pas être autre chose que le cri ou le soupir de la passion noté et rhythmé. Les mêmes problèmes scientifiques, poétiques, artistiques, se reproduisent sans cesse à travers les âges, et Wagner ne se donne pas pour un inventeur, mais simplement pour le confirmateur d'une ancienne idée qui sera sans doute, plus d'une fois encore, alternativement vaincue et victorieuse. Toutes ces questions sont en vérité extrêmement simples, et il n'est pas peu surprenant de voir se révolter contre les théories de *la musique de l'avenir* (pour me servir d'une locution aussi inexacte qu'accréditée) ceux-là même que nous avons entendus si souvent se plaindre des tortures infligées à tout esprit raisonnable par la routine du livret ordinaire d'opéra.

Dans cette même *Lettre sur la musique,* où l'auteur

donne une analyse très-brève et très-limpide de ses trois anciens ouvrages, *l'Art et la Révolution*, *l'OEuvre d'art de l'avenir* et *Opéra et Drame,* nous trouvons une préoccupation très-vive du théâtre grec, tout à fait naturelle, inévitable même chez un dramaturge musicien qui devait chercher dans le passé la légitimation de son dégoût du présent et des conseils secourables pour l'établissement des conditions nouvelles du drame lyrique. Dans sa lettre à Berlioz, il disait déjà, il y a plus d'un an : « Je me demandai quelles devaient être les conditions de l'art pour qu'il pût inspirer au public un inviolable respect, et, afin de ne point m'aventurer trop dans l'examen de cette question, je fus chercher mon point de départ dans la Grèce ancienne. J'y rencontrai tout d'abord l'œuvre artistique par excellence, le *drame,* dans lequel l'idée, quelque profonde qu'elle soit, peut se manifester avec le plus de clarté et de la manière la plus universellement intelligible. Nous nous étonnons à bon droit aujourd'hui que trente mille Grecs aient pu suivre avec un intérêt soutenu la représentation des tragédies d'Eschyle ; mais si nous recherchons le moyen par lequel on obtenait de pareils résultats, nous trouvons que c'est par l'alliance de tous les arts concourant ensemble au même but, c'est-à-dire à la production de l'œuvre artistique la plus parfaite et la seule vraie. Ceci me conduisit à étudier les rapports des diverses branches de l'art entre elles, et, après avoir saisi la relation qui existe entre la *plastique* et la *mimique*, j'examinai celle qui se trouve entre la musique et la poésie : de cet examen jaillirent soudain des clartés qui dissipèrent complétement l'obscurité qui m'avait jusqu'alors inquiété.

« Je reconnus, en effet, que précisément là où l'un de ces arts atteignait à des limites infranchissables, commençait aussitôt, avec la plus rigoureuse exactitude, la sphère d'action de l'autre ; que, conséquemment, par l'union intime de ces deux arts, on exprimerait avec la clarté la plus satisfaisante ce que ne pouvait exprimer chacun d'eux isolément ; que, par contraire, toute tentative de rendre avec les moyens de l'un d'eux ce qui ne saurait être rendu que par les deux ensemble devait fatalement conduire à l'obscurité, à la confusion d'abord, et ensuite à la dégénérescence et à la corruption de chaque art en particulier. »

Et dans la préface de son dernier livre, il revient en ces termes sur le même sujet : « J'avais trouvé dans quelques rares créations d'artistes une base réelle où asseoir mon idéal dramatique et musical ; maintenant l'histoire m'offrait à son tour le modèle et le type des relations idéales du théâtre et de la vie publique telles que je les concevais. Je le trouvais, ce modèle, dans le théâtre de l'ancienne Athènes : là, le théâtre n'ouvrait son enceinte qu'à de certaines solennités où s'accomplissait une fête religieuse qu'accompagnaient les jouissances de l'art. Les hommes les plus distingués de l'État prenaient à ces solennités une part directe comme poëtes ou directeurs; ils paraissaient comme les prêtres aux yeux de la population assemblée de la cité et du pays, et cette population était remplie d'une si haute attente de la sublimité des œuvres qui allaient être représentées devant elle, que les poëmes les plus profonds, ceux d'un Eschyle et d'un Sophocle, pouvaient être proposés au peuple et assurés d'être parfaitement entendus. »

Ce goût absolu, despotique, d'un idéal dramatique, où tout, depuis une déclamation notée et soulignée par la musique avec tant de soin qu'il est impossible au chanteur de s'en écarter en aucune syllabe, véritable arabesque de sons dessinée par la passion, jusqu'aux soins les plus minutieux, relatifs aux décors et à la mise en scène, où tous les détails, dis-je, doivent sans cesse concourir à une totalité d'effet, a fait la destinée de Wagner. C'était en lui comme une postulation perpétuelle. Depuis le jour où il s'est dégagé des vieilles routines du livret et où il a courageusement renié son *Rienzi*, opéra de jeunesse qui avait été honoré d'un grand succès, il a marché, sans dévier d'une ligne, vers cet impérieux idéal. C'est donc sans étonnement que j'ai trouvé dans ceux de ses ouvrages qui sont traduits, particulièrement dans *Tannhaüser*, *Lohengrin* et *le Vaisseau fantôme*, une méthode de construction excellente, un esprit d'ordre et de division qui rappelle l'architecture des tragédies antiques. Mais les phénomènes et les idées qui se produisent périodiquement à travers les âges empruntent toujours à chaque résurrection le caractère complémentaire de la variante et de la circonstance. La radieuse Vénus antique, l'Aphrodite née de la blanche écume, n'a pas impunément traversé les horrifiques ténèbres du moyen âge. Elle n'habite plus l'Olympe ni les rives d'un archipel parfumé. Elle est retirée au fond d'une caverne, magnifique, il est vrai, mais illuminée par des feux qui ne sont pas ceux du bienveillant Phœbus. En descendant sous terre, Vénus s'est rapprochée de l'enfer, et elle va sans doute, à de certaines solennités abominables, rendre régulièrement hommage à l'Archidémon, prince de la chair et seigneur du péché. De même, les poëmes de Wagner, bien qu'ils révèlent un goût sincère et une parfaite intelligence de la beauté classique, participent aussi, dans une forte dose, de l'esprit romantique. S'ils font rêver à la majesté de Sophocle et d'Eschyle, ils contraignent en même temps l'esprit à se souvenir des *Mystères* de l'époque la plus plastiquement catholique. Ils ressemblent à ces grandes visions que le moyen âge étalait sur les murs de ses églises ou tissait dans ses magnifiques tapisseries. Ils ont un aspect général décidément légendaire *Le Tannhaüser*, légende; *le Lohengrin*, légende; légende, *le Vaisseau fantôme*. Et ce n'est pas seulement une propension naturelle à tout esprit poétique qui a conduit Wagner vers cette apparente spécialité; c'est un parti pris formel puisé dans l'étude des conditions les plus favorables du drame lyrique.

Lui-même, il a pris soin d'élucider la question dans ses livres. Tous les sujets, en effet, ne sont pas également propres à fournir nn vaste drame doué d'un caractère d'universalité. Il y aurait évidemment un immense danger à traduire en fresque le délicieux et le plus parfait tableau de genre. C'est surtout dans le cœur universel de l'homme et dans l'histoire de ce cœur que le poëte dramatique trouvera des tableaux universellement intelligibles. Pour construire en pleine liberté le drame idéal, il sera prudent d'éliminer toutes les difficultés qui pourraient naître de détails techniques, politiques ou même trop positivement historiques Je laisse la parole au maître lui-même : « Le seul tableau de la vie humaine qui soit appelé poétique est celui où les motifs qui n'ont de sens que pour l'intelligence abstraite font place aux mobiles purement humains qui gouvernent le cœur. Cette tendance (celle relative à l'invention du sujet poétique) est la loi souveraine qui préside à la forme et à la représentation poétique... L'arrangement rhythmique et l'ornement (presque musical) de la rime sont pour le poëte des moyens d'assurer au vers, à la phrase, une puissance qui captive comme par un charme et gouverne à son gré le sentiment. Essentielle au poëte, cette tendance le conduit jusqu'à la limite de son art, limite que touche immédiatement la musique, et, par conséquent, l'œuvre la plus complète du poëte devrait être celle qui, dans son dernier achèvement, serait une parfaite musique.

« De là, je me voyais nécessairement amené à désigner le *mythe* comme matière idéale du poëte. Le mythe est le poëme primitif et anonyme du peuple, et nous le trouvons à toutes les époques repris, remanié sans cesse à nouveau par les grands poëtes des périodes cultivées. Dans le mythe, en effet, les relations humaines dépouillent presque complétement leur forme conventionnelle et intelligible seulement à la raison abstraite ; elles montrent ce que la vie a de vraiment humain, d'éternellement compréhensible, et le montrent sous cette forme concrète, exclusive de toute imitation, laquelle donne à tous les vrais mythes leur caractère individuel que vous reconnaissez au premier coup d'œil. »

Et ailleurs, reprenant le même thème, il dit : « Je quittai une fois pour toutes le terrain de l'histoire et m'établis sur celui de la légende... Tout le détail nécessaire pour décrire et représenter le fait historique et ses accidents, tout le détail qu'exige, pour être parfaitement comprise, une époque spéciale et reculée de l'histoire, et que les auteurs contemporains de drames et de romans historiques déduisent, par cette raison, d'une manière si circonstanciée, je pouvais le laisser de côté... **La légende, à quelque époque et à quelque nation qu'elle appartienne, a l'avantage de comprendre exclusivement ce que cette époque et cette nation ont de purement humain**, et de le présenter sous une forme originale très-saillante, et dès lors intelligible au premier coup d'œil. Une ballade, un refrain populaire, suffisent pour vous représenter en un instant ce caractère sous les traits les plus arrêtés et les plus frappants... Le caractère de la scène et le ton de la légende contribuent ensemble à jeter l'esprit dans cet état de *rêve* qui le porte bientôt jusqu'à la pleine *clairvoyance*, et l'esprit découvre alors un nouvel enchaînement des phénomènes du monde, que ses yeux ne pouvaient apercevoir dans l'état de veille ordinaire... »

Comment Wagner ne comprendrait-il pas admirablement le caractère sacré, divin du mythe, lui qui est à la fois poëte et critique? J'ai entendu beaucoup de personnes tirer de l'étendue même de ses facultés et de sa haute intelligence critique une raison de défiance relativement à son génie musical, et je crois que l'occasion est ici propice pour réfuter une erreur très-commune, dont la principale racine est peut-être le plus laid des sentiments humains, l'envie. « Un homme qui raisonne tant de son art ne peut pas produire naturellement de belles œuvres, » disent quelques-uns qui dépouillent ainsi le génie de sa rationalité, et lui assignent une fonction purement instinctive et pour ainsi dire végétale. D'autres veulent considérer Wagner comme un théoricien qui n'aurait produit des opéras que pour vérifier *à posteriori* la valeur de ses propres théories. Non-seulement ceci est parfaitement faux, puisque le maître a commencé tout jeune, comme on le sait, par produire des essais poétiques et musicaux d'une nature variée, et qu'il n'est arrivé que progressivement à se faire un idéal de drame lyrique, mais c'est même une chose absolument impossible. Ce serait un événement tout nouveau dans l'histoire des arts qu'un critique se faisant poëte, un renversement de toutes les lois psychiques, une monstruosité; au contraire, tous les grands poëtes deviennent naturellement, fatalement, critiques. Je plains les poëtes que guide le seul instinct; je les crois incomplets. Dans la vie spirituelle des premiers, une crise se fait infailliblement, où ils veulent raisonner leur art, découvrir les lois obscures en vertu desquelles ils ont produit, et tirer de cette étude une série de préceptes dont le but divin est l'infaillibilité dans la production poétique. Il serait prodigieux qu'un critique devînt poëte, et il est impossible qu'un poëte ne contienne pas un critique. Le lecteur ne sera donc pas étonné que je considère le poëte comme le meilleur de tous les critiques. Les gens qui reprochent au musicien Wagner d'avoir écrit des livres sur la philosophie de son art et qui en tirent le soupçon que sa musique n'est pas un produit naturel, spontané, devraient nier également que Vinci, Hogarth, Reynolds, aient pu faire de bonnes peintures, simplement parce qu'ils ont déduit et analysé les principes de leur art. Qui parle mieux de la peinture que notre grand Delacroix? Diderot, Gœthe, Shakespeare, autant de producteurs, autant d'admirables critiques. La poésie a existé, s'est affirmée la première, et elle a engendré l'étude des règles. Telle est l'histoire incontestée du travail humain. Or, comme chacun est le diminutif de tout le monde, comme l'histoire d'un cerveau individuel représente en petit l'histoire du cerveau universel, il serait juste et naturel de supposer (à défaut des preuves qui existent) que l'élaboration des pensées de Wagner a été analogue au travail de l'humanité.

III

Tannhaüser représente la lutte des deux principes qui ont choisi le cœur humain pour principal champ de bataille, c'est-à-dire de la chair avec l'esprit, de l'enfer avec le ciel, de Satan avec Dieu. Et cette dualité est représentée tout de suite, par l'ouverture, avec une incomparable habileté. Que n'a-t-on pas déjà écrit sur ce morceau ? Cependant il est présumable qu'il fournira encore matière à bien des thèses et des commentaires éloquents ; car c'est le propre des œuvres vraiment artistiques d'être une source inépuisable de suggestions. L'ouverture, dis-je, résume donc la pensée du drame par deux chants, le chant religieux et le chant voluptueux, qui, pour me servir de l'expression de Listz, « sont ici posés comme deux termes, et qui, dans le finale, trouvent leur équation. » Le *chant des pèlerins* apparaît le premier, avec l'autorité de la loi suprême, comme marquant tout de suite le véritable sens de la vie, le but de l'universel pèlerinage, c'est-à-dire Dieu. Mais comme le sens intime de Dieu est bientôt noyé dans toute conscience par les concupiscences de la chair, le chant représentatif de la sainteté est peu à peu submergé par les soupirs de la volupté. La vraie, la terrible, l'universelle Vénus se dresse déjà dans toutes les imaginations. Et que celui qui n'a pas encore entendu la merveilleuse ouverture de *Tannhaüser* ne se figure pas ici un chant d'amoureux vulgaires, essayant de tuer le temps sous les tonnelles, les accents d'une troupe enivrée jetant à Dieu son défi dans la langue d'Horace. Il s'agit d'autre chose, à la fois plus vrai et plus sinistre. Langueurs, délices mêlées de fièvre et coupées d'angoisses, retours incessants vers une volupté qui promet d'éteindre, mais n'éteint jamais la soif ; palpitations furieuses du cœur et des sens, ordres impérieux de la chair, tout le dictionnaire des onomatopées de l'amour se fait entendre ici. Enfin le thème religieux reprend peu à peu son empire, lentement, par gradations, et absorbe l'autre dans une victoire paisible, glorieuse, comme celle de l'être irrésistible sur l'être maladif et désordonné, de saint Michel sur Lucifer.

Au commencement de cette étude, j'ai noté la puissance avec laquelle Wagner, dans l'ouverture de *Lohengrin*, avait exprimé les ardeurs de la mysticité, les appétitions de l'esprit vers le Dieu incommunicable. Dans l'ouverture de *Tannhaüser*, dans la lutte des deux principes contraires, il ne s'est pas montré moins subtil ni moins puissant. Où donc le maître a-t-il puisé ce chant furieux de la chair, cette connaissance absolue de la partie diabolique de l'homme? Dès les premières mesures, les nerfs vibrent à l'unisson de la mélodie ; toute chair qui se souvient se met à trembler. Tout cerveau bien conformé porte en lui deux infinis, le ciel et l'enfer, et dans toute image de l'un de ces infinis il reconnaît subitement la moitié de lui-même. Aux titillations sataniques d'un vague amour succèdent bientôt des entraînements, des éblouissements, des cris de victoire, des gémissements de gratitude, et puis des hurlements de férocité, des reproches de victimes et des hosannahs impies de sacrificateurs, comme si la barbarie devait toujours prendre sa place dans le drame de l'amour, et la jouissance charnelle conduire, par une logique satanique inéluctable, aux délices du crime. Quand le thème religieux, faisant invasion à travers le mal déchaîné, vient peu à peu rétablir l'ordre et reprendre l'ascendant, quand il se dresse de nouveau, avec toute sa solide beauté, au-dessus de ce chaos de voluptés agonisantes, toute l'âme éprouve comme un rafraîchissement, une béatitude de rédemption ; sentiment ineffable qui se reproduira au commencement du deuxième tableau, quand Tannhaüser, échappé de la grotte de Vénus, se retrouvera dans la vie véritable, entre le son religieux des cloches natales, la chanson naïve du pâtre, l'hymne des pèlerins et la croix plantée sur la route, emblème de toutes ces croix qu'il faut traîner sur toutes les routes. Dans ce dernier cas, il y a une puissance de contraste qui agit irrésistiblement sur l'esprit et qui fait penser à la manière large et aisée de Shakespeare. Tout à l'heure nous étions dans les profondeurs de la terre (Vénus, comme nous l'avons dit, habite auprès de l'enfer), respirant une atmosphère parfumée, mais étouffante, éclairée par une lumière rose qui ne venait pas du soleil ; nous étions semblables au chevalier Tannhaüser lui-même, qui, saturé de délices énervantes, *aspire à la douleur!* cri sublime que tous les critiques jurés admireraient dans Corneille, mais qu'aucun ne voudra peut-être voir dans Wagner. Enfin nous sommes replacés sur la terre ; nous en aspirons l'air frais, nous en acceptons les joies avec reconnaissance, les douleurs avec humilité. La pauvre humanité est rendue à sa patrie.

Tout à l'heure, en essayant de décrire la partie voluptueuse de l'ouverture, je priais le lecteur de détourner sa pensée des hymnes vulgaires de l'amour, tels que les peut concevoir un galant en belle humeur ; en effet, il n'y a ici rien de trivial ; c'est plutôt le débordement d'une nature énergique, qui verse dans le mal toutes les forces dues à la culture du bien ; c'est l'amour effréné, immense, chaotique, élevé jusqu'à la hauteur d'une contre-religion, d'une religion satanique. Ainsi, le compositeur, dans la traduction musicale, a échappé à cette vulgarité qui accompagne trop souvent la peinturé du sentiment le plus *populaire*, — j'allais dire populacier, — et pour cela il lui a suffi de peindre l'excès dans le désir et dans l'énergie, l'ambition indomptable, immodérée, d'une âme sensible qui s'est trompée de voie. De même, dans la représentation plastique de l'idée, il s'est dégagé heureusement de la fastidieuse foule des victimes, des Elvires innombrables. L'idée pure, incarnée dans l'unique Vénus, parle bien plus haut et avec bien plus d'éloquence. Nous ne voyons pas ici un libertin ordinaire, *voltigeant de belle en belle,* mais l'homme général, universel, vivant morganatiquement avec l'Idéal absolu de la volupté, avec la Reine de toutes les diablesses, de toutes les faunesses et de toutes les satyresses, reléguées sous terre depuis la mort du grand Pan, c'est-à-dire avec l'indestructible et irrésistible Vénus.

Une main mieux exercée que la mienne dans l'analyse des ouvrages lyriques présentera, ici même, au lecteur, un compte rendu technique et complet de cet étrange et méconnu *Tannhaüser* (1) ; je dois donc me borner à des vues générales qui, pour rapides qu'elles soient, n'en sont pas moins utiles. D'ailleurs, n'est-il pas plus commode, pour certains

---

(1) La première partie de cette étude a paru à *la Revue Européenne*, où M. Perrin, ancien directeur de l'Opéra-Comique, dont les sympathies pour Wagner sont bien connues, est chargé de la critique musicale.

esprits, de juger de la beauté d'un paysage en se plaçant sur une hauteur, qu'en parcourant successivement tous les sentiers qui le sillonnent?

Je tiens seulement à faire observer, à la grande louange de Wagner, que, malgré l'importance très-juste qu'il donne au poëme dramatique, l'ouverture de *Tannhaüser*, comme celle de *Lohengrin*, est parfaitement intelligible, même à celui qui ne connaîtrait pas le livret; et ensuite, que cette ouverture contient non-seulement l'idée mère, la dualité psychique constituant le drame, mais encore les formules principales, nettement accentuées, destinées à peindre les sentiments généraux exprimés dans la suite de l'œuvre, ainsi que le démontrent les retours forcés de la mélodie diaboliquement voluptueuse et du motif religieux ou *Chant des pèlerins*, toutes les fois que l'action le demande. Quant à la grande marche du second acte, elle a conquis depuis longtemps le suffrage des esprits les plus rebelles, et l'on peut lui appliquer le même éloge qu'aux deux ouvertures dont j'ai parlé, à savoir d'exprimer de la manière la plus visible, la plus colorée, la plus représentative, ce qu'elle veut exprimer. Qui donc, en entendant ces accents si riches et si fiers, ce rhythme pompeux, élégamment cadencé, ces fanfares royales, pourrait se figurer autre chose qu'une pompe féodale, une défilade d'hommes héroïques, dans des vêtements éclatants, tous de haute stature, tous de grande volonté et de foi naïve, aussi magnifiques dans leurs plaisirs que terribles dans leurs guerres?

Que dirons-nous du récit de Tannhaüser, de son voyage à Rome, où la beauté littéraire est si admirablement complétée et soutenue par la mélopée, que les deux éléments ne font plus qu'un inséparable tout? On craignait la longueur de ce morceau, et, cependant, le récit contient, comme on l'a vu, une puissance dramatique invincible. La tristesse, l'accablement du pécheur pendant son rude voyage, son allégresse en voyant le suprême pontife qui délie les péchés, son désespoir quand celui-ci lui montre le caractère irréparable de son crime, et enfin le sentiment presque ineffable, tant il est terrible, de la joie dans la damnation; tout est dit, exprimé, traduit, par la parole et la musique, d'une manière si positive qu'il est presque impossible de concevoir une autre manière de le dire. On comprend bien alors qu'un pareil malheur ne puisse être réparé que par un miracle, et on excuse l'infortuné chevalier de chercher encore le sentier mystérieux qui conduit à la grotte, pour retrouver au moins les grâces de l'enfer auprès de sa diabolique épouse.

Le drame de *Lohengrin* porte, comme celui de *Tannhaüser*, le caractère sacré, mystérieux et pourtant universellement intelligible de la légende.

Une jeune princesse, accusée d'un crime abominable, du meurtre de son frère, ne possède aucun moyen de prouver son innocence. Sa cause sera jugée par le jugement de Dieu. Aucun chevalier présent ne descend pour elle sur le terrain ; mais elle a confiance dans une vision singulière ; un guerrier inconnu est venu la visiter en rêve. C'est ce chevalier-là qui prendra sa défense. En effet, au moment suprême et comme chacun la juge coupable, une nacelle approche du rivage, tirée par un cygne attelé d'une chaîne d'or. Lohengrin, chevalier du Saint-Graal, protecteur des innocents, défenseur des faibles, a entendu l'invocation du fond de la retraite merveilleuse où est précieusement conservée cette coupe divine, deux fois consacrée par la sainte Cène et par le sang de Notre Seigneur, que Joseph d'Arimathie y recueillit tout ruisselant de sa plaie. Lohengrin, fils de Parcival, descend de la nacelle, revêtu d'une armure d'argent, le casque en tête, le bouclier sur l'épaule, une petite trompe d'or au côté, appuyé sur son épée. « Si je remporte pour toi la victoire, dit Lohengrin à Elsa, veux-tu que je sois ton époux ?.. Elsa, si tu veux que je m'appelle ton époux..., il faut que tu me fasses une promesse : Jamais tu ne m'interrogeras, jamais tu ne chercheras à savoir ni de quelles contrées j'arrive, ni quel est mon nom et ma nature. » Et Elsa : « Jamais, seigneur, tu n'entendras de moi cette question. » Et, comme Lohengrin répète solennellement la formule de la promesse, Elsa répond : « Mon bouclier, mon ange, mon sauveur ! toi qui crois fermement à mon innocence, pourrait-il y avoir un doute plus criminel que de n'avoir pas foi en toi ? Comme tu me défends dans ma détresse, de même je garderai fidèlement la loi que tu m'imposes. » Et Lohengrin, la serrant dans ses bras, s'écrie : « Elsa, je t'aime ! » Il y a là une beauté de dialogue comme il s'en trouve fréquemment dans les drames de Wagner, toute trempée de magie primitive, toute grandie par le sentiment idéal, et dont la solennité ne diminue en rien la grâce naturelle.

L'innocence d'Elsa est proclamée par la victoire de Lohengrin ; la magicienne Ortrude et Frédéric, deux méchants intéressés à la condamnation d'Elsa, parviennent à exciter en elle la curiosité féminine, à flétrir sa joie par le doute, et l'obsèdent maintenant jusqu'à ce qu'elle viole son serment et exige de son époux l'aveu de son origine. Le doute a tué la foi, et la foi disparue emporte avec elle le bonheur. Lohengrin punit par la mort Frédéric d'un guet-apens que celui-ci lui a tendu, et devant le roi, les guerriers et le peuple assemblés, déclare enfin sa véritable origine : « …Quiconque est choisi pour servir le Graal est aussitôt revêtu d'une puissance surnaturelle ; même celui qui est envoyé par lui dans une terre lointaine, chargé de la mission de défendre le droit de la vertu, n'est pas dépouillé de sa force sacrée autant que reste inconnue sa qualité de chevalier du Graal; mais telle est la nature de cette vertu du Saint-Graal, que, dévoilée, elle fuit aussitôt les regards profanes ; c'est pourquoi vous ne devez concevoir nul doute sur son chevalier ; s'il est reconnu par vous, il lui faut vous quitter sur-le-champ. Écoutez maintenant comment il récompense la question interdite! Je vous ai été envoyé par le Graal; mon père, Parcival, porte sa couronne; moi, son chevalier, j'ai nom Lohengrin. » Le cygne reparaît sur la rive pour remmener le chevalier vers sa miraculeuse patrie. La magicienne, dans l'infatuation de sa haine, dévoile que le cygne n'est autre que le frère d'Elsa, emprisonné par elle dans un enchantement. Lohengrin monte dans la nacelle après avoir adressé au Saint-Graal une fervente prière. Une colombe prend la place du cygne, et Godefroi, duc de Brabant, reparaît. Le chevalier est retourné vers le mont Salvat. Elsa qui a douté, Elsa qui a voulu savoir, examiner, contrôler, Elsa a perdu son bonheur. L'idéal est envolé.

Le lecteur a sans doute remarqué dans cette légende une frappante analogie avec le mythe de la Psyché antique, qui, elle aussi, fut victime de la démoniaque curiosité, et, ne voulant pas respecter l'incognito de son divin époux, perdit, en pénétrant le mystère, toute sa félicité. Elsa prête l'oreille à Ortrude, comme Ève au serpent. L'Ève éternelle tombe dans l'éternel piége. Les nations et les races se transmettent-elles des fables, comme les hommes se lèguent des héritages, des patrimoines ou des secrets scientifiques? On serait tenté de le croire, tant est frappante l'analogie morale qui marque les mythes et les légendes éclos dans différentes contrées. Mais cette explication est trop simple pour séduire longtemps un esprit philosophique. L'allégorie créée par le peuple ne peut pas être comparée à ces semences qu'un cultivateur communique fraternellement à un autre qui les veut acclimater dans son pays. Rien de ce qui est éternel et universel n'a besoin d'être acclimaté. Cette analogie morale dont je parlais est comme l'estampille divine de toutes les fables populaires. Ce sera bien, si l'on veut, le signe d'une origine unique, la preuve d'une parenté irréfragable, mais à la condition que l'on ne cherche cette origine que dans le principe absolu et l'origine commune de tous les êtres. Tel mythe peut être considéré comme frère d'un autre, de la même façon que le nègre est dit le frère du blanc. Je ne nie pas, en de certains cas, la fraternité ni la filiation; je crois seulement que dans beaucoup d'autres l'esprit pourrait être induit en erreur par la ressemblance des surfaces ou même par l'analogie morale, et que, pour reprendre notre métaphore végétale, le mythe est un arbre qui croît partout, en tout climat, sous tout soleil, spontanément et sans boutures. Les religions et les poésies des quatre parties du monde nous fournissent sur ce sujet des preuves surabondantes. Comme le péché est partout, la rédemption est partout; le mythe partout. Rien de plus cosmopolite que l'Éternel. Qu'on veuille bien me pardonner cette digression qui s'est ouverte devant moi avec une attraction irrésistible. Je reviens à l'auteur de *Lohengrin*.

On dirait que Wagner aime d'un amour de prédilection les pompes féodales, les assemblées homériques où gît une accumulation de force vitale, les foules enthousiasmées, réservoir d'électricité humaine, d'où le style héroïque jaillit avec une impétuosité naturelle. La musique de noces et l'épithalame de *Lohengrin* font un digne pendant à l'introduction des invités au Wartburg dans *Tannhaüser*, plus majestueux encore peut-être et plus véhément. Cependant le maître, toujours plein de goût et attentif aux nuances, n'a pas représenté ici la turbulence qu'en pareil cas manifesterait une foule roturière. Même à l'apogée de son plus violent tumulte, la musique n'exprime qu'un délire de gens accoutumés aux règles de l'étiquette; c'est une cour qui s'amuse, et son ivresse la plus vive garde encore le rhythme de la décence. La joie clapoteuse de la foule alterne avec l'épithalame, doux, tendre

solennel ; la tourmente de l'allégresse publique
ntraste à plusieurs reprises avec l'hymne discret
 attendri qui célèbre l'union d'Elsa et de Lo-
ngrin.

J'ai déjà parlé de certaines phrases mélodiques
nt le retour assidu, dans différents morceaux
és de la même œuvre, avait vivement intrigué
on oreille, lors du premier concert offert par
'agner dans la salle des Italiens. Nous avons ob-
rvé que, dans *Tannhaüser*, la récurrence des
ux thèmes principaux, le motif religieux et le
ant de volupté, servait à réveiller l'attention du
blic et à le replacer dans un état analogue à la
tuation actuelle. Dans *Lohengrin*, ce système
némonique est appliqué beaucoup plus minutieu-
ment. Chaque personnage est, pour ainsi dire,
asonné par la mélodie qui représente son carac-
re moral et le rôle qu'il est appelé à jouer dans la
ble. Ici je laisse humblement la parole à Liszt,
nt, par occasion, je recommande le livre (*Lohen-
rin et Tannhaüser*) à tous les amateurs de l'art
rofond et raffiné, et qui sait, malgré cette langue
n peu bizarre qu'il affecte, espèce d'idiome composé
'extraits de plusieurs langues, traduire avec un
harme infini toute la rhétorique du maître :

« Le spectateur, préparé et résigné à ne cher-
her *aucun de ces morceaux détachés, qui, engre-
és l'un après l'autre sur le fil de quelque intrigue,*

composent la substance de nos opéras habituels, pourra trouver un singulier intérêt à suivre durant trois actes la combinaison profondément réfléchie, étonnamment habile et poétiquement intelligente, avec laquelle Wagner, *au moyen de plusieurs phrases principales,* a serré *un nœud mélodique* qui constitue tout son drame. Les replis que font ces phrases, en se liant et s'entrelaçant autour des paroles du poëme, sont d'un effet émouvant au dernier point. Mais si, après en avoir été frappé et impressionné à la représentation, on veut encore se rendre mieux compte de ce qui a si vivement affecté, et étudier la partition de cette œuvre d'un genre si neuf, on reste étonné de toutes les intentions et nuances qu'elle renferme et qu'on ne saurait immédiatement saisir. Quels sont les drames et les épopées de grands poëtes qu'il ne faille pas longtemps étudier pour se rendre maître de toute leur signification ?

« Wagner, par un procédé qu'il applique d'une manière tout à fait imprévue, réussit à étendre l'empire et les prétentions de la musique. Peu content du pouvoir qu'elle exerce sur les cœurs en y réveillant toute la gamme des sentiments humains, il lui rend possible d'inciter nos idées, de s'adresser à notre pensée, de faire appel à notre réflexion, et la dote d'un sens moral et intellectuel... Il dessine mélodiquement le caractère de ses personnages et de leurs passions principales, et ces mélodies se font jour, *dans le chant ou dans l'accompagnement*, chaque fois que les passions et les sentiments qu'elles expriment sont mis en jeu. Cette persistance systématique est jointe à un art de distribution qui offrirait, par la finesse des aperçus psychologiques, poétiques et philosophiques dont il fait preuve, un intérêt de haute curiosité à ceux aussi pour qui les croches et doubles-croches sont lettres mortes et purs hiéroglyphes. Wagner, forçant notre méditation et notre mémoire à un si constant exercice, arrache, par cela seul, l'action de la musique au domaine des vagues attendrissements et ajoute à ses charmes quelques-uns des plaisirs de l'esprit. Par cette méthode qui complique les faciles jouissances procurées par *une série de chants rarement apparentés entre eux*, il demande une singulière attention du public ; mais en même temps il prépare de plus parfaites émotions à ceux qui savent les goûter. Ses mélodies sont en quelque sorte *des personnifications d'idées ;* leur retour annonce celui des sentiments que les paroles qu'on prononce n'indiquent point explicitement ; c'est à elles que Wagner confie de nous révéler tous les secrets des cœurs. Il est des phrases, celle, par exemple, de la première scène du second acte, qui traversent l'opéra comme un serpent venimeux, s'enroulant autour des victimes et fuyant devant leurs saints défenseurs ; il en est, comme celle de l'introduction, qui ne reviennent que rarement, avec les suprêmes et divines révélations. Les situations ou les personnages de quelque importance sont tous musicalement exprimés par une mélodie qui en devient le constant symbole. Or, comme ces mélodies sont d'une rare beauté, nous dirons à ceux qui, dans l'examen d'une partition, se bornent à juger des rapports de croches et doubles-croches entre elles, que même si la musique de cet opéra devait être privée de son beau texte, elle serait encore une production de premier ordre. »

En effet, sans poésie, la musique de Wagner serait encore une œuvre poétique, étant douée de toutes les qualités qui constituent une poésie bien faite ; explicative par elle-même, tant toutes choses y sont bien unies, conjointes, réciproquement adaptées, et, s'il est permis de faire un barbarisme pour exprimer le superlatif d'une qualité, prudemment *concaténées*.

Le Vaisseau fantôme, ou *le Hollandais volant*, est l'histoire si populaire de ce Juif errant de l'Océan, pour qui cependant une condition de rédemption a été obtenue par un ange secourable : *Si le capitaine, qui mettra pied à terre tous les sept ans, rencontre une femme fidèle, il sera sauvé.* L'infortuné, repoussé par la tempête à chaque fois qu'il voulait doubler un cap dangereux, s'était écrié une fois :

« Je passerai cette infranchissable barrière, dussé-je lutter toute l'éternité ! » Et l'éternité avait accepté le défi de l'audacieux navigateur. Depuis lors, le fatal navire s'était montré çà et là, dans différentes plages, courant sus à la tempête avec le désespoir d'un guerrier qui cherche la mort ; mais toujours la tempête l'épargnait, et le pirate lui-même se sauvait devant lui en faisant le signe de la croix. Les premières paroles du Hollandais, après que son vaisseau est arrivé au mouillage, sont sinistres et solennelles : « Le terme est passé ; il s'est encore écoulé sept années ! La mer me jette à terre avec dégoût... Ah ! orgueilleux Océan ! dans peu de jours il te faudra me porter encore !... Nulle part une tombe ! nulle part la mort ! telle est ma terrible sentence de damnation... Jour du jugement, jour suprême, quand luiras-tu dans ma nuit ?... » A côté du terrible vaisseau un navire norwégien a jeté l'ancre ; les deux capitaines lient connaissance, et le Hollandais demande au Norwégien « de lui accorder pour quelques jours l'abri de sa maison... de lui donner une nouvelle patrie. » Il lui offre des richesses énormes dont celui-ci s'éblouit, et enfin lui dit brusquement : « As-tu une fille ?... Qu'elle soit ma femme !... Jamais je n'atteindrai ma patrie. A quoi me sert donc d'amasser des richesses ? Laisse-toi convaincre, consens à cette alliance et prends tous mes trésors. » — « J'ai une fille, belle, pleine

de fidélité, de tendresse, de dévouement pour moi. »
— « Qu'elle conserve toujours à son père cette tendresse filiale, qu'elle lui soit fidèle ; elle sera aussi fidèle à son époux. » — « Tu me donnes des joyaux, des perles inestimables ; mais le joyau le plus précieux, c'est une femme fidèle. » — « C'est toi qui me le donnes ?... Verrai-je ta fille dès aujourd'hui ? »

Dans la chambre du Norwégien, plusieurs jeunes filles s'entretiennent du *Hollandais volant*, et Senta, possédée d'une idée fixe, les yeux toujours tendus vers un portrait mystérieux, chante la ballade qui retrace la damnation du navigateur : « Avez-vous rencontré en mer le navire à la voile rouge de sang, au mât noir ? A bord, l'homme pâle, le maître du vaisseau, veille sans relâche. Il vole et fuit, sans terme, sans relâche, sans repos. Un jour pourtant l'homme peut rencontrer la délivrance, s'il trouve sur terre une femme qui lui soit fidèle jusque dans la mort... Priez le ciel que bientôt une femme lui garde sa foi ! — Par un vent contraire, dans une tempête furieuse, il voulut autrefois doubler un cap ; il blasphéma dans sa folle audace : Je n'y renoncerais pas de l'éternité ! Satan l'a entendu, il l'a pris au mot ! Et maintenant son arrêt est d'errer à travers la mer, sans relâche, sans repos !... Mais pour que l'infortuné puisse rencontrer encore la délivrance sur terre, un ange de Dieu lui annonce d'où peut lui venir le salut. Ah ! puisses-tu le trouver, pâle navigateur! Priez le ciel que bientôt une femme lui garde cette foi! — Tous les sept ans, il jette l'ancre, et, pour chercher une femme, il descend à terre. Il a courtisé tous les sept ans, et jamais encore il n'a trouvé une femme fidèle... Les voiles au vent! levez l'ancre! Faux amour, faux serments! Alerte! en mer! sans relâche, sans repos! » Et, tout d'un coup, sortant d'un abîme de rêverie, Senta inspirée s'écrie : « Que je sois celle qui te délivrera par sa fidélité! Puisse l'ange de Dieu me montrer à toi! C'est par moi que tu obtiendras le salut! » L'esprit de la jeune fille est attiré magnétiquement par le malheur; son vrai fiancé, c'est le capitaine damné que l'amour seul peut racheter.

Enfin, le Hollandais paraît, présenté par le père de Senta; il est bien l'homme du portrait, la figure légendaire suspendue au mur. Quand le Hollandais, semblable au terrible Melmoth qu'attendrit la destinée d'Immalée, sa victime, veut la détourner d'un dévouement trop périlleux, quand le damné plein de pitié repousse l'instrument du salut, quand, remontant en toute hâte sur son navire, il la veut laisser au bonheur de la famille et de l'amour vulgaire, celle-ci résiste et s'obstine à le suivre : « Je te connais bien! je connais ta destinée! Je te connaissais lorsque je t'ai vu pour la première fois! » Et lui, espérant l'épouvanter : « Interroge les mers de toutes les zones, interroge le navigateur qui a sillonné l'Océan dans tous les sens; il connaît ce vaisseau, l'effroi des hommes pieux : on me nomme le *Hollandais volant !* » Elle répond, poursuivant de son dévouement et de ses cris le navire qui s'éloigne : « Gloire à ton ange libérateur! gloire à sa loi! Regarde, et vois si je te suis fidèle jusqu'à la mort! » Et elle se précipite à la mer. Le navire s'engloutit. Deux formes aériennes s'élèvent au-dessus des flots : c'est le Hollandais et Senta transfigurés.

Aimer le malheureux pour son malheur est une idée trop grande pour tomber ailleurs que dans un cœur ingénu, et c'est certainement une très-belle pensée que d'avoir suspendu le rachat d'un maudit à l'imagination passionnée d'une jeune fille. Tout le drame est traité d'une main sûre, avec une manière directe; chaque situation, abordée franchement; et le type de Senta porte en lui une grandeur surnaturelle et romanesque qui enchante et fait peur. La simplicité extrême du poëme augmente l'intensité de l'effet. Chaque chose est à sa place, tout est bien ordonné et de juste dimension. L'ouverture, que nous avons entendue au concert du Théâtre-Italien, est lugubre et profonde comme l'Océan, le vent et les ténèbres.

Je suis contraint de resserrer les bornes de cette étude, et je crois que j'en ai dit assez (aujourd'hui du moins) pour faire comprendre à un lecteur non prévenu les tendances et la forme dramatique de Wagner. Outre *Rienzi, le Hollandais volant, Tannhaüser* et *Lohengrin*, il a composé *Tristan et Isolde*, et quatre autres opéras formant une tétralogie, dont le sujet est tiré des Niebelungen, sans compter ses nombreuses œuvres critiques. Tels sont les travaux de cet homme dont la personne et les ambitions idéales ont défrayé si longtemps la badauderie parisienne et dont la plaisanterie facile a fait journellement sa proie pendant plus d'un an.

IV

On peut toujours faire momentanément abstraction de la partie systématique que tout grand artiste volontaire introduit fatalement dans toutes ses œuvres; il reste, dans ce cas, à chercher et à vérifier par quelle qualité propre, personnelle, il se distingue des autres. Un artiste, un homme vraiment digne de ce grand nom, doit posséder quelque chose d'essentiellement *sui generis*, par la grâce de quoi il est *lui* et non un autre. A ce point de vue, les artistes peuvent être comparés à des saveurs variées, et le répertoire des métaphores humaines n'est peut-être pas assez vaste pour fournir la définition approximative de tous les artistes connus et de tous les artistes *possibles*. Nous avons déjà, je crois, noté deux hommes dans Richard Wagner, l'homme d'ordre et l'homme passionné. C'est de l'homme passionné, de l'homme de sentiment qu'il est ici question. Dans le moindre de ses morceaux il inscrit si ardemment sa personnalité que cette recherche de sa qualité principale ne sera pas très-difficile à faire. Dès le principe, une considération m'avait vivement frappé ; c'est que dans la partie voluptueuse et orgiaque de l'ouverture de *Tannhaüser* l'artiste avait mis autant de force, développé autant d'énergie que dans la peinture de la mysticité qui caractérise l'ouverture de *Lohengrin*. Même ambition dans l'une que dans l'autre, même escalade titanique, et aussi mêmes raffinements et même subtilité. Ce qui me paraît donc avant tout marquer d'une manière inoubliable la musique de ce maître, c'est l'intensité nerveuse, la violence dans la passion et dans la volonté. Cette musique-là exprime avec la voix la plus suave ou la plus stridente tout ce qu'il y a de plus caché dans le cœur de l'homme. Une ambition idéale préside, il est vrai, à toutes ses compositions ; mais si, par le choix de ses sujets et sa méthode dramatique, Wagner se rapproche de l'antiquité, par l'énergie passionnée de son expression il est actuellement le représentant le plus vrai de la nature moderne. Et toute la science, tous les efforts, toutes les combinaisons de ce riche esprit ne sont, à vrai dire, que les serviteurs très-humbles et très-zélés de cette irrésistible passion. Il en résulte, dans quelque sujet qu'il traite, une solennité d'accent superlative. Par cette passion il ajoute à chaque chose je ne sais quoi de surhumain; par cette passion il comprend tout et fait tout comprendre. Tout ce qu'impliquent les mots : *volonté, désir, concentration, intensité nerveuse, explosion*, se sent et se fait deviner dans ses œuvres. Je ne crois pas me faire illusion ni tromper personne en affirmant que je vois là les principales caractéristiques du phénomène que nous appelons *génie;* ou du moins, que dans l'analyse de tout ce que nous avons jusqu'ici légitimement appelé *génie* on retrouve lesdites caractéristiques. En matière d'art, j'avoue que je ne hais pas l'outrance; la modération ne m'a jamais semblé le signe d'une nature artistique vigoureuse. J'aime ces excès de santé, ces débordements de volonté qui s'inscrivent dans les œuvres comme le bitume enflammé dans le sol d'un volcan, et qui, dans la vie ordinaire, marquent souvent la phase, pleine de délices, succédant à une grande crise morale ou physique.

Quant à la réforme que le maître veut introduire dans l'application de la musique au drame, qu'en arrivera-t-il? Là-dessus, il est impossible de rien prophétiser de précis. D'une manière vague et générale, on peut dire, avec le Psalmiste, que, tôt ou tard, ceux qui ont été abaissés seront élevés, que ceux qui ont été élevés seront humiliés, mais rien de plus que ce qui est également applicable au train connu de toutes les affaires humaines. Nous avons vu bien des choses déclarées jadis absurdes, qui sont devenues plus tard des modèles adoptés par la foule. Tout le public actuel se souvient de l'énergique résistance où se heurtèrent, dans le commencement, les drames de Victor Hugo et les peintures d'Eugène Delacroix. D'ailleurs nous avons déjà fait observer que la querelle qui divise maintenant le public était une querelle oubliée et soudainement ravivée, et que Wagner lui-même avait trouvé dans le passé les premiers éléments de *la base pour asseoir son idéal*. Ce qui est bien certain, c'est que sa doctrine est faite pour rallier tous les gens d'esprit fatigués depuis longtemps des erreurs de l'Opéra, et il n'est pas étonnant que les hommes de lettres, en particulier, se soient montrés sympathiques pour un musicien qui se fait gloire d'être poëte et dramaturge. De même les écrivains du dix-huitième siècle avaient acclamé les ouvrages de Gluck, et je ne puis m'empêcher de voir que les personnes qui manifestent le plus de répulsion pour les ouvrages de Wagner montrent aussi une antipathie décidée à l'égard de son précurseur.

Enfin le succès ou l'insuccès de *Tannhaüser* ne peut absolument rien prouver, ni même déterminer une quantité quelconque de chances favorables ou défavorables dans l'avenir. *Tannhaüser*, en supposant qu'il fût un ouvrage détestable, aurait pu *monter aux nues*. En le supposant parfait, il pourrait révolter. La question, dans le fait, la question de la réformation de l'opéra n'est pas vidée, et la bataille continuera ; apaisée, elle recommencera. J'entendais dire récemment que si Wagner obtenait par son drame un éclatant succès, ce serait un accident purement individuel, et que sa méthode n'aurait aucune influence ultérieure sur les destinées et les transformations du drame lyrique. Je me crois autorisé, par l'étude du passé, c'est-à-dire de l'éternel, à préjuger l'absolu contraire, à savoir qu'un échec complet ne détruit en aucune façon la possibilité de tentatives nouvelles dans le même sens, et que dans un avenir très-rapproché on pourrait bien voir non pas seulement des auteurs nouveaux, mais même des hommes anciennement accrédités, profiter, dans une mesure quelconque, des idées émises par Wagner, et passer heureusement à travers la brèche ouverte par lui. Dans quelle histoire a-t-on jamais lu que les grandes causes se perdaient en une seule partie ?

18 mars 1861.

ENCORE QUELQUES MOTS

« L'épreuve est faite! La *musique de l'avenir* est enterrée! » s'écrient avec joie tous les siffleurs et cabaleurs. « L'épreuve est faite! » répètent tous les niais du feuilleton. Et tous les badauds leur répondent en chœur, et très-innocemment : « L'épreuve est faite! »

En effet, une épreuve a été faite, qui se renouvellera encore bien des milliers de fois avant la fin du monde; c'est que, d'abord, toute œuvre grande et sérieuse ne peut pas se loger dans la mémoire humaine ni prendre sa place dans l'histoire sans de vives contestations; ensuite, que dix personnes opiniâtres peuvent, à l'aide de sifflets aigus, dérouter des comédiens, vaincre la bienveillance du public, et pénétrer même de leurs protestations discordantes la voix immense d'un orchestre, cette voix fût-elle égale en puissance à celle de l'Océan. Enfin, un inconvénient des plus intéressants a été vérifié, c'est qu'un système de location qui permet de s'abonner à l'année crée une sorte d'aristocratie, laquelle peut, à un moment donné, pour un motif ou un intérêt quelconque, exclure le vaste public de toute participation au jugement d'une œuvre. Qu'on adopte dans d'autres théâtres, à la Comédie-Française, par exemple, ce même système de location, et nous verrons bientôt, là aussi, se produire les mêmes dangers et les mêmes scandales. Une société restreinte pourra enlever au public immense de Paris le droit d'apprécier un ouvrage dont le jugement appartient à tous.

Les gens qui se croient débarrassés de Wagner se sont réjouis beaucoup trop vite ; nous pouvons le leur affirmer. Je les engage vivement à célébrer moins haut un triomphe qui n'est pas des plus honorables d'ailleurs, et même à se garnir de résignation pour l'avenir. En vérité, ils ne comprennent guères le jeu de bascule des affaires humaines, le flux et le reflux des passions. Ils ignorent aussi de quelle patience et de quelle opiniâtreté la Providence a toujours doué ceux qu'elle investit d'une fonction. Aujourd'hui la réaction est commencée ; elle a pris naissance le jour même où la malveillance, la sottise, la routine et l'envie coalisées ont essayé d'enterrer l'ouvrage. L'immensité de l'injustice a engendré mille sympathies, qui maintenant se montrent de tous côtés.

———

Aux personnes éloignées de Paris, que fascine et intimide cet amas monstrueux d'hommes et de pierres, l'aventure inattendue du drame de *Tannhaüser* doit apparaître comme une énigme. Il serait facile de l'expliquer par la coïncidence malheureuse de plusieurs causes, dont quelques-unes sont étrangères à l'art. Avouons tout de suite la raison principale, dominante : l'opéra de Wagner *est un ouvrage sérieux*, demandant une attention soutenue ; on conçoit tout ce que cette condition implique de chances défavorables dans un pays où l'ancienne tragédie réussissait surtout par les facilités qu'elle offrait à la distraction. En Italie, on prend des sorbets et l'on fait des cancans dans les intervalles du drame où la mode ne commande pas les applaudissements ; en France, on joue aux cartes. « Vous êtes un impertinent, vous qui voulez me contraindre à prêter à votre œuvre une attention continue, » s'écrie l'abonné récalcitrant, « je veux que vous me fournissiez un plaisir digestif plutôt qu'une occasion d'exercer mon intelligence. » A cette cause principale, il faut en ajouter d'autres qui sont aujourd'hui connues de tout le monde, à Paris du moins. L'ordre impérial, qui fait tant d'honneur au prince, et dont on peut le remercier sincèrement, je crois, sans être accusé de courtisanerie, a ameuté contre l'artiste beaucoup d'envieux et beaucoup de ces badauds qui croient toujours faire acte d'indépendance en aboyant à l'unisson. Le décret qui venait de rendre quelques libertés au journal et à la parole, ouvrait carrière à une turbulence naturelle, longtemps comprimée, qui s'est jetée, comme un animal fou, sur le premier passant venu. Ce passant, c'était le *Tannhaüser*, autorisé par le chef de l'État et protégé ouvertement par la femme d'un ambassadeur étranger. Quelle admirable occasion ! Toute une salle française s'est amusée pendant plusieurs heures de la douleur de cette femme, et, chose moins connue, madame Wagner elle-même a été insultée pendant une des représentations. Prodigieux triomphe !

Une mise en scène plus qu'insuffisante, faite par un ancien vaudevilliste (vous figurez-vous les *Burgraves* mis en scène par M. Clairville?); une exécution molle et incorrecte de la part de l'orchestre ; un ténor allemand, sur qui on fondait les principales espérances, et qui se met à chanter faux avec une assiduité déplorable ; une Vénus endormie, habillée d'un paquet de chiffons blancs, et qui n'avait pas plus l'air de descendre de l'Olympe que d'être née de l'imagination chatoyante d'un artiste du moyen âge ; toutes les places livrées, pour deux représentations, à une foule de personnes hostiles ou, du moins, indifférentes à toute aspiration idéale, toutes ces choses doivent être également prises en considération. Seuls (et l'occasion naturelle s'offre ici de les remercier), mademoiselle Sax et Morelli ont fait tête à l'orage. Il ne serait pas convenable de ne louer que leur talent ; il faut aussi vanter leur bravoure. Ils ont résisté à la déroute ; ils sont restés, sans broncher un instant, fidèles au compositeur. Morelli, avec l'admirable souplesse italienne, s'est conformé humblement au style et au goût de l'auteur, et les personnes qui ont eu souvent le loisir de l'étudier disent que cette docilité lui a profité, et qu'il n'a jamais paru dans un aussi beau jour que sous le personnage de Wolfram. Mais que dirons-nous de M. Niemann, de ses faiblesses, de ses pâmoisons, de ses mauvaises humeurs d'enfant gâté, nous qui avons assisté à des tempêtes théâtrales, où des hommes tels que Frédérick et Rouvière, et Bignon lui-même, quoique moins autorisé par la célébrité, bravaient ouvertement l'erreur du public, jouaient avec d'autant plus de zèle qu'il se montrait plus injuste, et faisaient constamment cause commune avec l'auteur? — Enfin, la question du ballet, élevée à la hauteur d'une question vitale et agitée pendant plusieurs mois, n'a pas peu contribué à l'émeute. « Un opéra sans ballet ! qu'est-ce que cela ? » disait la routine. « Qu'est-ce que cela ? » disaient les entreteneurs de filles. « Prenez garde ! » disait lui-même à l'auteur le ministre alarmé. On a fait manœuvrer sur la scène, en manière de consolation, des régiments prussiens en jupes courtes, avec les gestes mécaniques d'une école militaire ; et une partie du public disait, voyant toutes ces jambes et illusionné par une mauvaise mise en scène : « Voilà un mauvais ballet et une musique qui n'est pas faite pour la danse. » Le bon sens répondait : « Ce n'est pas un ballet ; mais ce devrait être une bacchanale, une orgie, comme l'indique la musique, et comme ont su quelquefois en représenter la Porte-Saint-Martin, l'Ambigu, l'Odéon, et même des théâtres inférieurs, mais comme n'en peut pas figurer l'Opéra, qui ne sait rien faire du tout. » Ainsi, ce n'est pas une raison littéraire, mais simplement l'inhabileté des machinistes, qui a nécessité la suppression de tout un tableau (la nouvelle apparition de Vénus).

Que les hommes qui peuvent se donner le luxe d'une maîtresse parmi les danseuses de l'Opéra, désirent qu'on mette le plus souvent possible en lumière les talents et les beautés de leur emplette, c'est là certes un sentiment presque paternel que tout le monde comprend et excuse facilement ; mais que ces mêmes hommes, sans se soucier de la curiosité publique et des plaisirs d'autrui, rendent impossible l'exécution d'un ouvrage qui leur déplaît parce qu'il ne satisfait pas aux exigences de leur protectorat, voilà ce qui est intolérable. Gardez votre harem et conservez-en religieusement les traditions ; mais faites-nous donner un théâtre où ceux qui ne pensent pas comme vous pourront trouver d'autres plaisirs mieux accommodés à leur goût. Ainsi nous serons débarrassés de vous, et vous de nous, et chacun sera content.

On espérait arracher à ces enragés leur victime en la présentant au public un dimanche, c'est-à-dire un jour où les abonnés et le Jockey-Club abandonnent volontiers la salle à une foule qui profite de la place libre et du loisir. Mais ils avaient fait ce raisonnement assez juste : « Si nous permettons que le succès ait lieu aujourd'hui, l'administration en tirera un prétexte suffisant pour nous imposer l'ouvrage pendant trente jours. » Et ils sont revenus à la charge, armés de toutes pièces, c'est-à-dire des instruments homicides confectionnés à l'avance. Le public, le public entier, a lutté pendant deux actes, et dans sa bienveillance, doublée par l'indignation, il applaudissait non-seulement les beautés irrésistibles, mais même les passages qui l'étonnaient et le déroutaient, soit qu'ils fussent obscurcis par une exécution trouble, soit qu'ils eussent besoin, pour être appréciés, d'un impossible recueillement. Mais ces tempêtes de colère ou d'enthousiasme amenaient immédiatement une réaction non moins violente et beaucoup moins fatigante pour les opposants. Alors ce même public, espérant que l'émeute lui saurait gré de sa mansuétude, se taisait, voulant avant toute chose connaître et juger. Mais les *quelques* sifflets ont *courageusement* persisté, *sans motif et sans interruption;* l'admirable récit du voyage à Rome n'a pas été entendu (chanté même? je n'en sais rien) et tout le troisième acte a été submergé dans le tumulte.

Dans la presse, aucune résistance, aucune protestation, excepté celle de M. Franck Marie, dans *la Patrie*. M. Berlioz a évité de dire son avis; courage négatif. Remercions-le de n'avoir pas ajouté à l'injure universelle. Et puis alors, un immense tourbillon d'imitation a entraîné toutes les plumes, a fait délirer toutes les langues, semblable à ce singulier esprit qui fait dans les foules des miracles alternatifs de bravoure et de couardise ; le courage collectif et la lâcheté collective; l'enthousiasme français et la panique gauloise.

Le *Tannhaüser* n'avait même pas été entendu.

Aussi, de tous côtés, abondent maintenant les plaintes; chacun voudrait voir l'ouvrage de Wagner, et chacun crie à la tyrannie. Mais l'administration a baissé la tête devant quelques conspirateurs, et on rend l'argent déjà déposé pour les représentations suivantes. Ainsi, spectacle inouï, s'il en peut exister toutefois de plus scandaleux que celui auquel nous avons assisté, nous voyons aujourd'hui une direction vaincue, qui, malgré les encouragements du public, renonce à continuer des représentations des plus fructueuses.

Il paraît d'ailleurs que l'accident se propage, et

que le public n'est plus considéré comme le juge suprême en fait de représentations scéniques. Au moment même où j'écris ces lignes, j'apprends qu'un beau drame, admirablement construit et écrit dans un excellent style, va disparaître, au bout de quelques jours, d'une autre scène où il s'était produit avec éclat et malgré les efforts d'une certaine caste impuissante, qui s'appelait jadis la classe lettrée, et qui est aujourd'hui inférieure en esprit et en délicatesse à un public de port de mer. En vérité, l'auteur est bien fou qui a pu croire que ces gens prendraient feu pour une chose aussi impalpable, aussi gazéiforme que l'*honneur*. Tout au plus sont-ils bons à l'*enterrer*.

Quelles sont les raisons mystérieuses de cette expulsion? Le succès gênerait-il les opérations futures du directeur? D'inintelligibles considérations officielles auraient-elles forcé sa bonne volonté, violenté ses intérêts? Ou bien faut-il supposer quelque chose de monstrueux, c'est-à-dire qu'un directeur peut feindre, pour se faire valoir, de désirer de bons drames, et ayant enfin atteint son but, retourne bien vite à son véritable goût, qui est celui des imbéciles, évidemment le plus productif? Ce qui est encore plus inexplicable, c'est la faiblesse des critiques (dont quelques-uns sont poëtes), qui caressent leur principal ennemi, et qui, si parfois, dans un accès de bravoure passagère, ils blâment son mercantilisme, n'en persistent pas moins, en une foule de cas, à encourager son commerce par toutes les complaisances.

Pendant tout ce tumulte et devant les déplorables facéties du feuilleton, dont je rougissais, comme un homme délicat d'une saleté commise devant lui, une idée cruelle m'obsédait. Je me souviens que, malgré que j'aie toujours soigneusement étouffé dans mon cœur ce patriotisme exagéré dont les fumées peuvent obscurcir le cerveau, il m'est arrivé, sur des plages lointaines, à des tables d'hôte composées des éléments humains les plus divers, de souffrir horriblement quand j'entendais des voix (équitables ou injustes, qu'importe?) ridiculiser la France. Tout le sentiment filial, philosophiquement comprimé, faisait alors explosion. Quand un déplorable académicien s'est avisé d'introduire, il y a quelques années, dans son discours de réception, une appréciation du génie de Shakespeare, qu'il appelait familièrement le vieux *Williams*, ou le bon *Williams*, — appréciation digne en vérité d'un concierge de la Comédie-Française, — j'ai senti en frissonnant le dommage que ce pédant sans orthographe allait faire à mon pays. En effet, pendant plusieurs jours, tous les journaux anglais se sont amusés de nous, et de la manière la plus navrante. Les littérateurs français, à les entendre, ne savaient même pas l'orthographe du nom de Shakespeare ; ils ne comprenaient rien à son génie, et la France abêtie ne connaissait que deux auteurs, Ponsard et Alexandre Dumas fils, *les poëtes favoris du nouvel Empire,* ajoutait *l'Illustrated London News.* Notez que la haine politique combinait son élément avec le patriotisme littéraire outragé.

Or, pendant les scandales soulevés par l'ouvrage de Wagner, je me disais : « Qu'est-ce que l'Europe va penser de nous, et en Allemagne que dira-t-on de Paris ? Voilà une poignée de tapageurs qui nous déshonorent collectivement ! » Mais non, cela ne sera pas. Je crois, je sais, je jure que parmi les littérateurs, les artistes et même parmi les gens du monde, il y a encore un bon nombre de personnes bien élevées, douées de justice, et dont l'esprit est toujours libéralement ouvert aux nouveautés qui leur sont offertes. L'Allemagne aurait tort de croire que Paris n'est peuplé que de polissons qui se mouchent avec les doigts, à cette fin de les essuyer sur le dos d'un grand homme qui passe. Une pareille supposition ne serait pas d'une totale impartialité. De tous les côtés, comme je l'ai dit, la réaction s'éveille; des témoignages de sympathie des plus inattendus sont venus encourager l'auteur à persister dans sa destinée. Si les choses continuent ainsi, il est présumable que beaucoup de regrets pourront être prochainement consolés, et que *Tannhaüser* reparaîtra, mais dans un lieu où les abonnés de l'Opéra ne seront pas intéressés à le poursuivre.

Enfin l'idée est lancée, la trouée est faite; c'est l'important. Plus d'un compositeur français voudra profiter des idées salutaires émises par Wagner. Si peu de temps que l'ouvrage ait paru devant le public, l'ordre de l'Empereur, auquel nous devons de l'avoir entendu, a apporté un grand secours à l'esprit français, esprit logique, amoureux d'ordre, qui reprendra facilement la suite de ses évolutions.

Sous la République et le premier Empire, la musique s'était élevée à une hauteur qui en fit, à défaut de la littérature découragée, une des gloires de ces temps. Le chef du second Empire n'a-t-il été que curieux d'entendre l'œuvre d'un homme dont on parlait chez nos voisins, ou une pensée plus patriotique et plus compréhensive l'excitait-elle? En tout cas, sa simple curiosité nous aura été profitable à tous.

8 avril 1861.

FIN.

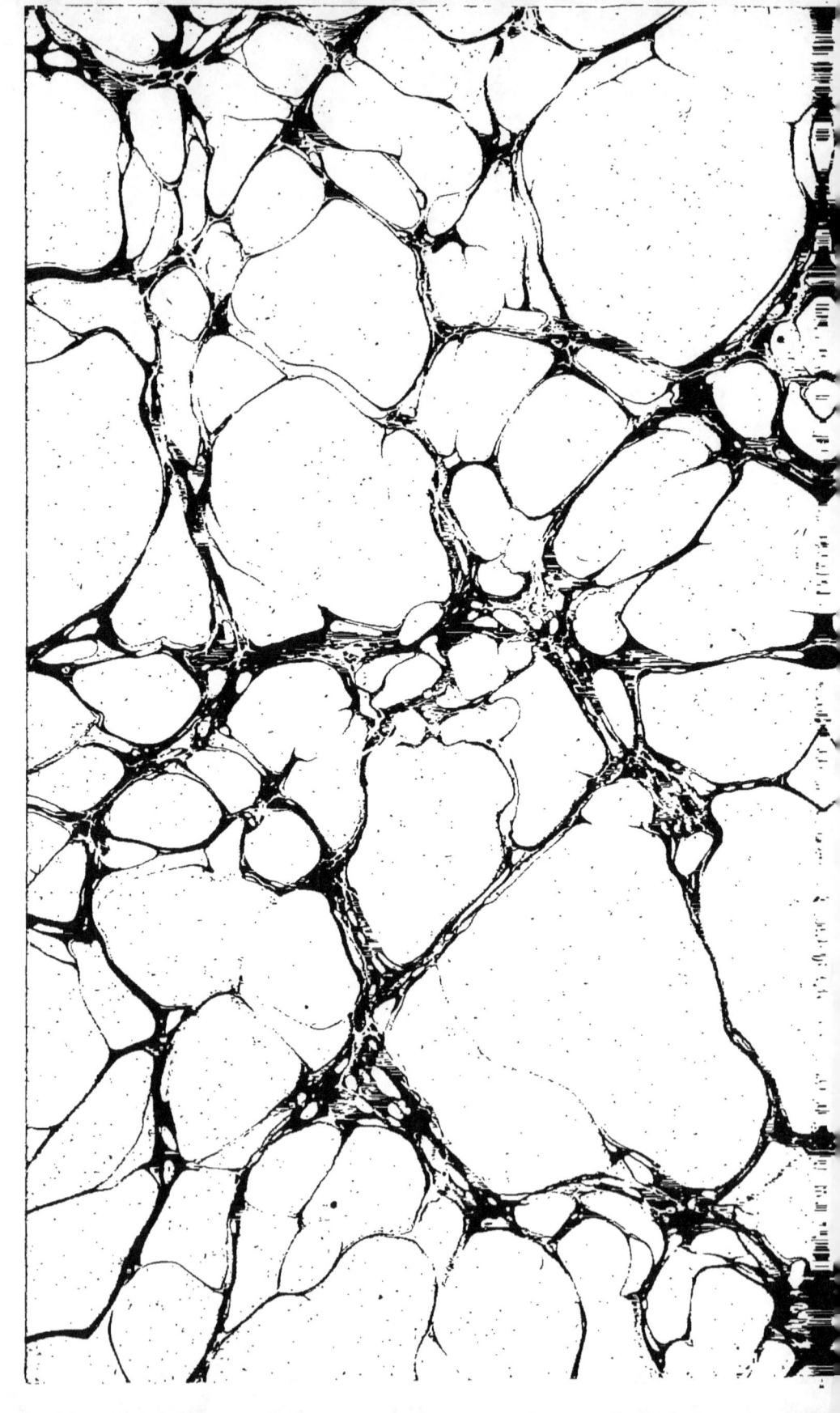

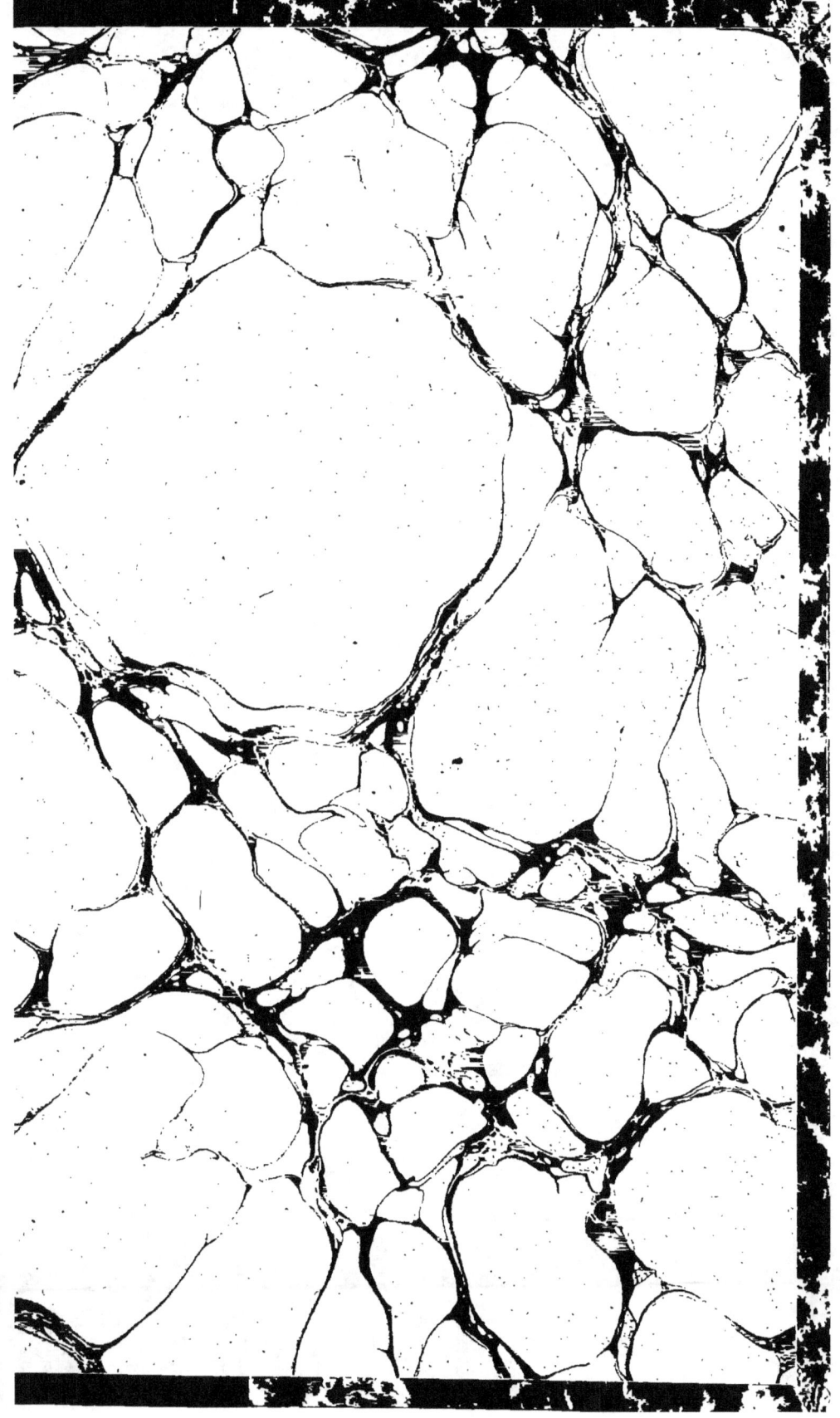

www.ingramcontent.com/pod-product-compliance
Lightning Source LLC
LaVergne TN
LVHW050647090426
835512LV00007B/1081